Das

Zweikindersystem

im Anmarsch

und

der Feldzug dagegen.

Das
Zweikindersystem
im Anmarsch
und
der Feldzug dagegen.

Erweiterter Abdruck
zweier Aufsätze der „Berliner klinischen Wochenschrift“

von

Dr. Julius Wolf,
ord. Professor an der Universität Breslau,
Geheimer Regierungsrat.

1913

Springer-Verlag Berlin Heidelberg GmbH

ISBN 978-3-662-34378-4 ISBN 978-3-662-34649-5 (eBook)
DOI 10.1007/978-3-662-34649-5

Den Aerzten Deutschlands

zugeeignet.

Vorwort.

In der grossen in dem vorliegenden Schriftchen abgehandelten Frage stehen zwei Forderungen gegen einander: die nationale und die soziale. Die nationale verficht eine grössere, die soziale eine geringere Kinderzahl. Sie lassen sich nur in der Weise mit einander „versöhnen“, dass der einen oder der andern oder beiden Abbruch geschieht. In diesem Schriftchen hat der nationale Standpunkt die stärkere Betonung erfahren. In einer Zeit, wo in der nationalökonomischen Wissenschaft das Soziale überwiegend Beachtung und Vertretung findet, vielleicht kein müssiges und überflüssiges Beginnen! Im übrigen ist es meine Absicht keineswegs, den nationalen Gedanken einseitig zu überspannen. Es ist mir durchaus bewusst, dass für den Zweck der praktischen Politik eine Einigung auf der mittleren Linie zu suchen sein wird. Ueberhaupt würde der Volkswirt und Patriot die warnende Stimme angesichts des Geburtenrückgangs nicht zu erheben haben, würde die deutsche Geburtenziffer nur einem bescheideneren Niveau zustreben, das noch immer auf die Länge der Zeit die Gewähr in sich schlösse, dass das deutsche Volk in allen Stürmen sich zu behaupten vermag. Leider ist jedoch die Entwicklung nicht ein allmählicher Abstieg von einer Kinderzahl von sieben und acht, wie sie früher allgemein war, auf im Mittel fünf und vier, wobei etwa das nationale und das soziale Interesse ihre „Versöhnung“ finden, sondern die Entwicklung geht unter Benützung aller Mittel der Präventivtechnik auf das Zweikindersystem und darüber hinaus. Wohl haben noch viele Familien zumal auf dem Lande die frühere Kinderzahl, aber wo die Präventivtendenzen sich einmal eingenistet haben, wird alsbald die „kleinste mögliche“ Kinderzahl als Ideal gesetzt. Diese kleinste mögliche

Kinderzahl ist zwei Kinder oder ein Kind. Eine mittlere Kinderzahl — mindestens drei und vier — unter Verhältnissen, unter denen man sie ernähren kann, muss dem gegenüber als das Ziel einer nationalen Geburtenpolitik bezeichnet werden. Ich weiss mich in diesem Postulate einig mit einer grossen Anzahl namhafter Männer, die zumal aus den Kreisen der Bevölkerungstheorie und Soziologie sich zum Gegenstand bereits geäussert haben. Ich nenne Georg von Mayr, Oldenberg, Ballod, Fahlbeck und nicht als letzten Ludwig Elster. Das Zweikindersystem, das bei uns von Jahr zu Jahr mehr an Boden gewinnt, führt zum Ruin der Nation. „Ich fürchte aber“, schrieb mir in diesen Tagen ein ausgezeichneter deutscher Staatsmann, verehrt von allen, die ihm einmal nähertreten durften, „ich fürchte, dass wir auf Roms Wegen wandeln“. Die gleiche Befürchtung hat mich seit längerer Zeit beseelt und so mir auch in dem hier niedergelegten Vortrag — der vor den vereinigten medizinischen und staats- und rechtswissenschaftlichen Sektionen der Schlesischen Gesellschaft für vaterländische Kultur gehalten worden ist — den Mund geöffnet.

Der Vortrag ist im übrigen nicht die Frucht einer beiläufigen Beschäftigung mit dem Gegenstand, sondern ihm ist ein sehr eingehendes, etwa 20 Jahre zurückreichendes Studium vorangegangen. Die Frucht dieser langhin ausgedehnten Arbeit habe ich letzthin in meinem Buche „Der Geburtenrückgang, die Rationalisierung des Sexuallebens in unserer Zeit“ (1912) niedergelegt. Jene, denen dieses Schriftchen nicht genügt, bitte ich sonach zu dem grösseren Buche zu greifen.

Ich hoffe sehr, dass die Ausführungen jenes grösseren Buches, wie etwa auch die dieses Schriftchens in einer Anzahl Berichten über den Geburtenrückgang einen Widerhall finden, welche demnächst dem preussischen Minister des Innern einzureichen sind und die hoffentlich den Ausgangspunkt einer Aktion auf diesem höchst bedeutsamen Gebiete bilden werden. Ohne letzterer irgend vorgreifen zu wollen, sei deshalb daran erinnert, dass jüngst in Frankreich, wo der Geburtenrückgang ja bereits die Frage des nationalen „Sein oder Nichtsein“ ist, eine grosse Kommission dafür gebildet worden ist, besetzt mit ersten Männern des Landes, die ihre Arbeiten soeben aufgenommen hat. Ein ähnliches Verfahren dürfte sich auch bei uns empfehlen, da der Gegenstand über die Ressortgrenzen eines einzelnen Ministeriums oder Reichsamts weit hinausgreift. In Preussen sind das Ministerium des Innern, das Kriegsministerium, das Finanzministerium, das Unterrichtsministerium, etwa auch das Landwirtschaftsministerium daran beteiligt, im Reiche mindestens das Reichsamt des Innern, das Reichsjustizamt und das Reichsschatzamt. Eine mit besonderen Befugnissen auszustattende Kommission, beschickt aus den verschiedensten Kreisen sachverständiger und von der Grösse der Aufgabe erfüllter Personen wird unter solchen Umständen am ehesten die Garantie einer sachgemässen und erschöpfenden Behandlung und einer Wirkung in sich tragen, die sich gleichermassen auf die Staats- und Reichsbehörden, wie auf die Parlamente und auf die öffentliche Meinung erstreckt. Dass es der Mitarbeit aller dieser Faktoren bedarf, wenn die Arbeit wirklich Früchte tragen soll, ist in diesem Schriftchen — wie ich hoffe, überzeugend — dargelegt. Wolle ihm sonach eine Wirkung über den informativen Zweck hinaus, dem es zunächst dienen sollte, in die Richtung einer praktischen, illusionsfreien, zu keiner Vergewaltigung bereiten, aber die vorhandenen Hilfsmittel fest anfassenden „Geburtenpolitik", die wir bisher nicht besitzen, beschieden sein!

Breslau, Ende 1912.

Julius Wolf.

Inhalt.

I.

Meine Damen und Herren!

Seit etwa einem Jahre ist bei uns in Deutschland der Geburtenrückgang ein aktuelles Thema. Früher mochte man darüber sagen und schreiben, was man wollte, es blieb verhältnismässig unbeachtet. Erst als eine offizielle Stelle, das preussische Ministerium des Innern, den ihm untergeordneten Behörden das Studium der Angelegenheit zur Pflicht machte, wurde man aufmerksam darauf, dass sich hier Entwicklungen vollziehen, die das Interesse weiter Kreise in der Tat verdienen. Freilich wäre es besser, hätten sie diese Aufmerksamkeit bereits vor einem Dezennium gefunden. Damals stand man aber noch im Banne der Malthus'schen Theorie, d. h. im Banne der Furcht vor den zuviel Menschen. Und doch hätte ein flüchtiger Blick auf Frankreich lehren dürfen, dass die Dinge eine ganz andere Entwicklung nehmen konnten als von jener Theorie vorausgesehen war. Seit über einem Jahrhundert macht sich das Zweikindersystem Frankreich in immer weiterem Umkreis untertan, und während aus der Zeit des ersten Kaiserreichs in die des zweiten das Land immerhin um 10 Millionen zunahm, was auf einen Geburtenüberschuss hinweist, der die 200 000 pro Jahr häufig überstieg, ist derselbe in unseren Tagen auf Null und „weniger als Null" zusammengeschrumpft. Die Zahl der Sterbefälle beginnt im regelmässigen Verlauf der Dinge über die Zahl der Geburten hinauszuwachsen.

Es gibt keine grössere Sorge für den französischen Patrioten als die Unfruchtbarkeit des französischen Volkes. Das spiegelt sich in der ganzen volkswirtschaftlichen, sozialen und politischen Literatur des Landes wieder. In diesem Versiegen der französischen Nation wird mit Recht eine Katastrophe gesehen, ein Verhängnis, das im Laufe der Zeit Frankreich zu einer subalternen und inferioren Stellung im Rate der Völker herunterdrücken, es zu einer petite nation, einem Mittelstaate degradieren muss. Nach Paul Leroy-Beaulieu, dem führenden Volkswirt Frankreichs in unseren Tagen, wünscht heute die Hälfte seiner Landsleute zwei Kinder, die andere Hälfte gar nur ein Kind in der Ehe. Nehmen wir aber selbst an, dass sie sämtlich zwei Kinder, ja zwei bis drei Kinder wünschten, so wäre damit dennoch der Niedergang Frankreichs besiegelt. Denn rund 10 pCt. der Ehen sind steril, ihnen nützt der Wunsch nach Kindern überhaupt nichts, ein anderer Teil der fruchtbaren Ehen bringt es aus diesem oder jenem „Grunde" nicht über ein Kind, und von den zwei bis drei Kindern der verbleibenden Ehen erreicht vermöge der allgemein hohen und auch in Frankreich nicht geringeren Kindersterblichkeit nur ein nicht überhoher Prozentsatz das Alter der geschlechtlichen Reife, schliesslich bleibt aber noch von diesen geschlechtlichen Reifen und voll Tauglichen ein grosser Teil unverheiratet und segnet also das Zeitliche, ohne Kinder gezeugt zu haben.

Frankreich ist vermöge seines Zweikinder-Standards zum Zusammenschrumpfen und Verfall, mindestens zum Ersatz französischen Blutes durch fremdes Blut verurteilt, ähnlich wie West-Rom in den letzten Jahrhunderten vor seinem Untergang. Lange haben wir Deutsche demgegenüber auf die Gesundheit unserer Zustände gepocht. Betrug schon 1841 bis 1850 unser Geburtenüberschuss auf Tausend der Bevölkerung 9,3 gegen 4,1 in Frankreich, war er 1861 bis 1870 auf 10,3 gegen 2,5 gestiegen und erreichte er 1891 bis 1900 sogar 13,9 gegen 0,6, so ist in unseren Tagen das Verhältnis noch günstiger geworden, da nunmehr einem Sterblichkeitsüberschuss in Frankreich oder — in besonders glücklichen Jahren — einem Geburtenüberschuss von doch nur wenigen Tausend ein deutscher Ueberschuss, der bis vor kurzem die 900 000 fast regelmässig erreichte, gegenübersteht.

Auch ich verschliesse mich den eben angeführten Ziffern in keiner Weise. Aber ich fasse neben ihnen einige andere ins Auge, und da verwandelt sich dann unter den Händen das Bild.

Seit einigen Jahrzehnten hat sich auch in Deutschland ein Rückgang der Geburten eingestellt und ist seit kurzem zu ganz gewaltigen Dimensionen angeschwollen: 1876 bis 1880 zählte man auf 1000 Menschen 393 Geburten (exkl. Totgeburten) in Deutschland, 1910 nur mehr 298; also ein Minus von rund 100 oder verhältnismässig um 25 pCt. Dabei hat sich die Altersschichtung der Bevölkerung zugunsten einer höheren Fortpflanzungsziffer verschoben. Im natürlichen Verlauf der Dinge hätten wir also mehr Geburten haben müssen, nicht weniger. Wie beträchtlich das Minus ist, erhellt aber vielleicht noch besser als aus den relativen aus den absoluten Zahlen. Wir hatten 1910 rund 2 Millionen (1 980 000) Neugeborene. Ohne Rückgang der Geburten (und der Sterblichkeit) wären es 2 700 000 gewesen. Dabei zeigt der Rückgang speziell in letzter Zeit eine fast seltsam zu nennende Beschleunigung. Er erreichte

1898—1901	5	auf	10 000	Menschen,
1901—1904	17	„	10 000	„
1904—1907	20	„	10 000	„
1907—1910	25	„	10 000	„

Die Jahre 1911 und 1912 haben, lokalen Daten zufolge weitere Rückgänge gebracht, und der Rückgang von 1910/11 ist zweifellos wieder beträchtlicher gewesen als der der letztvorangegangenen Jahre.

Angesichts dieser Tatsachen tritt dem deutschen Patrioten das „Quousque tandem“ auf die Zunge. Die Optimisten der Bevölkerungsfrage trösten sich damit, dass die Zahl 2 Millionen Geburten, die wir bis vor kurzem reichlich hatten, noch nicht zu sehr unterboten sei. Das ist fürs erste vollständig richtig. Für die Zukunft ist dem aber nichts, schlechterdings nichts zu entnehmen. Wir verfügen nicht über die geringste Wahrscheinlichkeit, dass es bei diesen 2 Millionen bleibt, oder dass es selbst bei 1 900 000 oder 1 800 000 oder 1 700 000 sein Bewenden hat. Denn Deutschland wird immer mehr Stadt-Nation. Und das bedeutet, dass wir aller Voraussicht nach mit einem weiteren und rapiden Rückgang der Geburten zu rechnen haben (1).

Als das Reich gegründet wurde, lebte rund ein Drittel des deutschen Volkes in Städten, heute sind es zwei Drittel, und die Hälfte dieser zwei Drittel, also ein Drittel des Ganzen, ist Grossstadtbevölkerung (2). Der Rückgang der Geburten in den deutschen Städten ist aber sehr viel grösser als im Durchschnitt des Landes. Keine Grossstadt Europas und vielleicht der Welt hat von 1880 auf 1910 einen Geburtenrückgang gehabt wie Berlin. Die Geburtenfrequenz daselbst ging in diesen 30 Jahren von rund 400 (399) pro 10 000 auf 215, also fast auf die Hälfte zurück. Während in Berlin die Zahl der Geburten binnen 30 Jahren um 184 auf 10 000 Menschen abnahm, hat sie sich in Paris nur um 76 vermindert, der Rückgang war also in der deutschen Reichshauptstadt mehr als doppelt so gross wie in der Hauptstadt der französischen Republik. Einen ähnlich grossen Absturz der Geburtenziffer zeigt die zweitgrösste deutsche Stadt, Hamburg, mit einem Minus von 152 Geburten seit 1880, wo man noch 384 Geburten zählte, ebenso München mit einem Minus von 162 (auf 396), ebenso Dresden mit einem Minus von 135 (auf 351), weniger Breslau mit einem Minus von 101 (auf 376). Allüberall hier ist der Rückgang weit stärker als in dem „Babel an der Seine“ gewesen, auch relativ gemessen. Bornträger erklärt uns: „In Berlin besteht ja bekanntlich ein ausgebildetes Ein- bis Zweikindersystem, ein Zustand, dem sich auch andere Städte Deutschlands zu nähern scheinen, wie er ja in Frankreich längst eingebürgert ist.“ In der Tat ist von den anderen angeführten Städten nichts wesentlich anderes als von Berlin zu sagen. Wohl ist die Natalität Berlins heute noch etwas grösser als die von Paris, aber der Vorsprung Berlins vor Paris schmilzt sichtlich zusammen. War er 1880 143, so 1890 nur mehr 86, 1900 55, 1910 35 auf 10 000 Menschen. Ich halte für sehr wahrscheinlich, dass er 1920, also in sieben Jahren, nicht mehr 15 übersteigen und 1930, also in 17 Jahren, völlig verschwunden sein wird. Gewisse Aussengemeinden Berlins lassen Paris schon heute hinter sich, so Schöneberg, welches 1910 nur 164 Lebendgeburten auf 10 000 Menschen verzeichnete gegen die 180 in Paris. Kaum irgendwo tritt übrigens auch der Wandel der Verhältnisse so deutlich zutage, wie in diesen Gemeinden, welche den Westen von Berlin einsäumen. In der zweiten Hälfte der siebziger Jahre erfreute sich Schöneberg noch einer überströmenden Fülle von Geburten, mit rund nicht weniger als 570 auf 10 000 Menschen, 1912 ist es glücklich bei mageren etwa 135 angelangt. Das bedeutet einen Geburtenrückgang um nicht weniger als 76 auf 100. 24 pCt. Geburten sind der „schäbige Rest“, der auf unsere Tage gekommen ist, und auch bei ihm wird es nicht sein Bewenden haben. Allerdings war Schöneberg in den siebziger Jahren kaum viel anderes als ein Dorf, und heute ist es der Exponent einer Weltstadt.

Wie man nun angesichts solcher Ziffern Sorglosigkeit predigen kann, ist mir unbegreiflich. Die Logik der Optimisten der Bevölkerungsbewegung sagt: Die Sterblichkeit ist gleichzeitig mit der Geburtlichkeit zurückgegangen. Das traf bis vor kurzem zu, und es gab eine Zeit, wo die Sterblichkeit sogar stärker zurückging als die Geburtlichkeit. Der Rückgang der Sterblichkeit hat aber seine Grenzen. Es liegt auf der Hand, dass die Ziffer der Geburten weit komprimierbarer ist als die der Sterbefälle, die Ziffer der Geburten lässt „physiologisch“ selbst eine Reduktion auf Null zu, während wir uns nicht vermessen können, jemals dem Tode zu entgehen. Dass aber aus dieser Verschiedenheit der Chancen in der Tat die entscheidenden Schlüsse zu ziehen sind, deutet die Entwicklung schon der letzten Zeit ganz unmissverständlich an. Denn während der Geburtenrückgang weiter lawinenartig anschwillt, verrät der Sterblichkeitsrückgang neuerdings eine auffällige „Mässigung“. Die Geburtenverminderung war in Deutschland 1906 auf 1910 33 auf 10 000, die Verminderung der Todesfälle 11, also ein Drittel. Aehnlich anderwärts (3). Der Geburtenrückgang beginnt also den Sterblichkeitsrückgang zu überflügeln, und dabei handelt es sich offenbar nicht um Zufall, sondern um eine elementare Erscheinung. Die Optimisten der Bevölkerungsbewegung verweisen speziell auf die hohe, noch einer starken Verminderung fähige Kindersterblichkeit bei uns. Sicher ist hier noch sehr viel zu tun. 1910 starben auf 1000 Lebendgeborene in Deutschland 162 im ersten Lebensjahre, dagegen in Schweden und Norwegen 1909 nur 72. Vielleicht gelingt es nun im Laufe der Jahrfünfte und Jahrzehnte, die deutsche Kindersterblichkeit auf die Hälfte ihres gegenwärtigen Standes herabzudrücken. Das wäre ein ungeheurer Erfolg. Macht man aber eine Rechnung auf, wie gross der Menschengewinn daraus im Verhältnis zu den Geburten wäre, so ergibt sich, dass er einer Erhöhung der Geburtenziffer um 24 auf 10 000 Menschen gleichkommt. Um genau soviel ist die Geburtenziffer bei uns von 1907 auf 1910 zurückgegangen. Ein radikales Mittel gegen die Folgen des Geburtenrückganges haben wir also auch in der erfolgreichsten Bekämpfung der Säuglingssterblichkeit nicht zu sehen, und eine Rettung aus der Misere des Geburtenrückgangs lässt sich von jenem Sinken der Kindersterblichkeit nur dann versprechen, wenn man nicht den Rechenstift zur Hand nimmt, der uns da sagt, dass ziemlich die äusserste, in späteren Jahren etwa erreichbare Möglichkeit des Sinkens der Säuglingssterblichkeit in Deutschland aufgewogen und aufgezehrt wird durch das normale Geburtendefizit bloss dreier Jahre wie der letzten.

Also auch hier findet der Optimismus für seine Saat und seine Ernte nur einen äusserst mageren Boden vor.

Bleibt ihm als letzter Rettungsanker nur die Hoffnung, dass die Entwicklung der Geburtenziffer „Kehrt macht" und an Stelle des Geburtenrückganges eine Geburtenzunahme tritt.

Jede eingehendere Untersuchung der Ursachen des Geburtenrückganges lässt auch diese Hoffnung zunichte werden. Ich habe das oben schon angedeutet und habe es in meinem kürzlich erschienenen Buche „Der Geburtenrückgang, die Rationalisierung des Sexuallebens in unserer Zeit" (Jena, Gustav Fischer) des näheren ausgeführt. Daselbst ist nachgewiesen, dass so viele Gründe in der heutigen Gesellschaft für den Geburtenrückgang tätig sind und so wenige dagegen wirken, dass die Hoffnung, dieser Rückgang werde demnächst einer entgegengesetzten Bewegung Platz machen, schlechterdings phantastisch erscheint. Das Bedachtsein der Eltern auf ihre Lebensbequemlichkeit und ihren Lebensgenuss, die durch Kinder eine Beeinträchtigung erfahren, die Furcht vor Sorge und Elend, die mit Kindern ins Haus einziehen, der Wunsch der Frau, der Schwangerschaft, der Geburt, der Pflege des Kindes mit allen ihren Mühsalen und Fährnissen aus dem Wege zu gehen, der Wunsch auch der erwerbenden Frau, keine Beeinträchtigung dieses ihres Erwerbs durch Kinder zu erfahren, bereits das ist eine solche Fülle von auch dem einfachsten Manne und der einfachsten Frau zugänglichen Erwägungen gegen eine irgend grössere Zahl Kinder, ja bei vielen gegen Kinder überhaupt, dass bei wachsender Urteilsfähigkeit, wachsender wirtschaftlicher Voraussicht, wachsendem Ordnungssinn, wachsenden Ansprüchen ans Leben, wachsender Zahl der Mittel, der Empfängnis zu steuern oder der Schwangerschaft ein vorzeitiges Ende zu bereiten, sich notwendig auch eine immer grössere Zahl Ehen dieser Mittel bedient. Dem stehen freilich als Gegenkräfte gegenüber das religiöse Gebot, innerhalb der katholischen Kirche auch die Erklärung der Prävention als Todsünde und die Kontrolle, die man durch das Mittel der Beichte daselbst übt, bei vielen der unmittelbare Wunsch nach Kindern, und beim Besitzenden der Wunsch, Nachkommen zu haben, auf welche er seinen Besitz und seinen Namen zu vererben vermag, auch Nachlässigkeit, mangelnder Wille oder mangelnde Energie, den Geschlechtsakt zu „kontrollieren" und zu einem Mittel bloss des Genusses ohne Konsequenz zu machen. Die Motivationen und Voraussetzungen der zweiten Gruppe erweisen sich aber gegenüber denen der ersten Gruppe mit jedem Tage mehr als die schwächeren und danach unterliegenden.

Charakteristisch ist da, dass, von allen anderen Kultursymptomen abgesehen, bereits die Kenntnis des Lesens, Schreibens und Rechnens auf den Geburtenrückgang hinwirkt. Das zeigt uns die Statistik in nicht misszuverstehender Drastik.

Am grössten ist oder war doch bis vor kurzem die Zahl der Analphabeten in Russland, Rumänien und in den Ländern des nunmehrigen Balkanbunds. Der schwedische Statistiker Sundbärg nennt (meistens aus den ersten Jahren des neuen Jahrhunderts) für Russland 61,7 pCt. Analphabeten, für Rumänien 75, für Serbien 61,6, für Bulgarien 52,7 pCt. In diesen Ländern ist nun auch die Geburtenziffer am höchsten, sie erreicht in Russland fast 500 und in den Balkanstaaten 400 auf 10 000 Menschen im Vergleich zu nicht einmal mehr 300 bei uns. Allerdings gibt es eine ganz beträchtliche Zahl Analphabeten auch in Italien — 31,3 pCt. —, in Oesterreich-Ungarn — 25,7 pCt. —, sowie in Belgien mit 10,2 pCt., ohne dass die Ziffer der Geburten hier einen hohen Stand erreichte. Indes zeigt sich innerhalb der geographischen Abgrenzungen dieser Staaten doch wieder eine unverkennbare Abhängigkeit der Geburtenziffer von dem Maass der elementaren Bildung. So zeichneten sich in Oesterreich nach der amtlichen Statistik pro 1900 die Provinzen des äussersten Südens und Ostens, Dalmatien und Istrien, Galizien und die Bukowina, wo die Zahl der Analphabeten 1900 60—77 pCt. erreichte, durch eine Geburtenziffer — im gleichen Jahre — von 40 und über 40 pM., also ganz wie in den Ländern des Balkanbundes, aus, die Provinzen des äussersten Westens, Tirol und Vorarlberg dagegen, wo neben Nieder- und Oberösterreich die Zahl der Analphabeten am kleinsten war — 15 bis rund 17,5 pCt. — hatten die kleinste Zahl Geburten, im allgemeinen nicht über 30 pM., auch darunter. Und wie in die Provinzen, so lässt sich bis in die Bezirke einzelner Städte diese Koinzidenz verfolgen. Doch gehen sichtlich andere schwere Abhängigkeiten daneben her.

Von grösster Bedeutung ist, ob die Bevölkerung zur katholischen oder zur protestantischen Kirche gehört oder religionslos, atheistisch ist. Am widerstandsfähigsten gegen den Geburtenrückgang zeigen sich die Völker russisch-orthodoxen Glaubens, weniger wohl infolge der Glaubenssätze der Kirche als vermöge der Uebermacht der Tradition, hier ist die alte, fast darf man sagen, mittelalterliche Geburtenziffer noch intakt. In den Gebieten des katholischen Bekenntnisses ist, mit Ausnahme Frankreichs, wo die Kirche einem übermächtigen Volkswillen gegenüber sich nicht durchzusetzen vermag, die Geburtenzahl meist noch eine hohe. Das gilt auch für die katholischen Gegenden Deutschlands — und zwar hier für Arm und Reich — im Unterschiede zu den protestantischen, die nicht in gleichem Grade durch hohe und höchste Geburtlichkeit ausgezeichnet sind. Die geringste Geburtlichkeit hat aber der Atheismus. In Deutschland sind es vor allem die Wahlkreise der Sozialdemokratie, bekanntlich einer Schrittmacherin des Atheismus, die sich durch niedrigste Geburtenziffern auszeichnen. Die meisten sozialdemokratischen Wähler haben Berlin, Hamburg und das Königreich Sachsen. Hier ist denn auch die Geburtenziffer weitaus am geringsten im ganzen Reich.

Schliesslich nimmt noch die Stadt als solche Mann und Frau in die Lehre. Die Ehe ist hier lockerer als auf dem Lande, wie die meisten Eheschliessungen finden sich hier auch die meisten Ehescheidungen — in Berlin werden im Verhältnis reichlich viermal soviel Ehen als im übrigen Reich geschieden —, die Stadt, zumal die Grossstadt, fungiert weiter als Vermittlungszentrale der geschlechtlichen Infektion — Berlin hat viele Dutzende mal mehr Geschlechtskranke als das offene Land —, die Stadt, zumal die Grossstadt, bietet schliesslich die meisten

Gelegenheiten, die Prävention zu erlernen und zu üben. Die Stadt exzelliert nach alledem durch ihre geringe Geburtenzahl.

Man hat lange Zeit auch der Wohlhabenheit einen Anteil an der Beschränkung der Geburtlichkeit zugesprochen (zuletzt in Deutschland durch Mombert und Brentano), und es ist zweifellos, dass, insofern höherer Lohn und regelmässige Beschäftigung dem Menschen dazu helfen, ihn den rohen animalischen Instinkten eines noch halb tierischen Daseins zu entziehen, die Erhebung auf eine höhere Einkommensstufe auch eine kleinere Kinderzahl mit sich bringt. Aber die Wirksamkeit dieses Moments ist nur beschränkt. Heute ist die Erhebung des Arbeiters aus dem dumpfen Hinleben, bzw. aus jener Dürftigkeit, wo er in Ermangelung aller anderen Genüsse den geschlechtlichen vor allem sucht, in West-, wie Mitteleuropa fast vollendet. Mit jeder Stufe höher büsst aber die Wirkung des Wohlstandes als eines anticonceptionellen Arguments an Stärke ein. So sind auch die Lehrerehen (vor allem in der Stadt) und die der Beamten durch kleine Kinderzahl ausgezeichnet, sonderlicher Wohlstand ist aber hier, wie jedermann weiss, kaum zu Hause, vielmehr ist nur eben die Sicherung der Existenz erreicht. So kann also und wird auch auf den unteren Stufen des Einkommens die Kinderzahl beschränkt. Wenn trotzdem nach Ausweis der Statistik auch jenseits der Grenze der Dürftigkeit Wohlstand und geringe Kinderzahl parallel gehen, so unter anderem darum, weil geringe Kinderzahl die Möglichkeit reichlicherer Ersparnisse bietet, die geringe Kinderzahl also eine Ursache des Wohlstandes ist, nicht umgekehrt. Die Wohlstandstheorie ist nach alledem als Erklärungsversuch des Geburtenrückgangs nur für eine ganz beschränkte gesellschaftliche Zone haltbar, im übrigen aber zweifellos zu verwerfen.

Das Gewicht der in der Richtung einer Beschränkung der Kinderzahl wirkenden Momente erweist sich aber bei näherem Eingehen auf dieselben als so überwältigend, dass kein nüchtern Urteilender die Hoffnung, dass die Bewegung demnächst stillestehen werde, hegen wird. Unterliegt ja in unseren Tagen, nachdem es sich lange genug gewehrt hat, auch schon das offene Land der Verführung, und scheint es das Versäumte gründlich nachholen zu wollen. Im ersten Jahrzehnt des neuen Jahrhunderts ist der Rückgang der Fruchtbarkeit auf dem Lande in Preussen bereits fast ebenso gross wie in den Städten gewesen. In 1906/1910 gegen 1901/1905 auf 1000 weibliche Personen im Alter von 15—45 Jahren war der Rückgang auf dem Lande 9,8, in den Städten 10,4. Der Unterschied ist verschwindend zu nennen. Das Land ist also in die Fussstapfen der Stadt getreten, es ist längst nicht mehr der starke Damm gegen den Geburtenrückgang, der es früher war. Mag es hinter der Stadt aber noch in etwas zurückbleiben, so steht dem gegenüber, dass die Bevölkerung immer mehr Stadtbevölkerung wird, was also das Land zu leisten unterlässt, in den Städten gründlichst „nachgeholt" wird.

So ist also ein Ende dieser Bewegung kaum abzusehen, es liegt sicherlich in weitem Felde, und vermutlich wird das Herabgleiten auf der schiefen Ebene nicht einmal bei den französischen Ziffern von heute Halt machen. Denn auch in Frankreich geht die Geburtlichkeit immer noch weiter zurück. Das Departement Seine, das ist „Gross-Paris", hatte 1910 eine Geburtlichkeit von 19,3, 1911 nur mehr eine solche von 17,9. Im Jahre 1912 ist aber, wie wir heute bereits wissen, die Geburtlichkeit wieder geringer gewesen. Der Rekord wird gegenwärtig von dem französischen Departement Gers, das im Südwesten des Landes, im Tale der Garonne, liegt, geschlagen wo der Geburtenstand 1911 126 auf 10 000 war, gegen die rund 300 (genau 298), die das Deutsche Reich im Jahre 1910 aufwies, wie gegen die 136, die das in Deutschland, wie es scheint, mit an der Spitze des Rückgangs marschierende Schöneberg in der ersten Hälfte 1912 aufgebracht hat. Schöneberg und jenes Departement Gers, von welchem Bertillon erzählt, dass ein zweites Kind hier nur gezeugt wird, wenn das erste gestorben ist, halten also ziemlich miteinander Schritt. Die Beziehung auf die Fruchtbarkeit statt auf die Geburtlichkeit schafft hier wie anderwärts kein wesentlich anderes Bild.

Leroy-Beaulieu sieht das Ende der Bewegung, das Ende des Sinkens der Geburtenzahl in Frankreich bei einer Ziffer rund ein Fünftel unter der heutigen; er ist sich gleichzeitig klar darüber, dass die Entvölkerung der Republik die notwendige Folge davon sein muss. Im Verlauf der Darstellung führt er sogar den Nachweis, dass die Bevölkerung Frankreichs pro Generation um ein Viertel abnehmen werde, so dass in 4 Generationen, spätestens in 200 Jahren, die Entvölkerung bzw. die Auswechslung der altfranzösischen Bevölkerung gegen eine neu zugewanderte ziemlich vollendet sein wird. Das sind die Aussichten, die jener sehr ernsthafte Volkswirt, ein Mann in hohen Jahren, der auf ein Leben reich an Erfahrung und wissenschaftlichen Erfolgen zurückblickt, seinen Landsleuten eröffnet. Die Rechnung, welche Leroy-Beaulieu aufmacht, ist an sich unanfechtbar. Bei einem halb Einkind-, halb Zweikindersystem, wie es Leroy-Beaulieu für Frankreich annimmt, muss die alte Bevölkerung des Landes in zwei Jahrhunderten auf 5 oder 4 Millionen reduziert sein. Die Hoffnung kann also nur dahin gehen, dass der Ansatz der Rechnung, demzufolge die Hälfte der Ehen Zweikinder-, die Hälfte Einkindehen ist, irrig sei. Möglicherweise malt hier Leroy-Beaulieu zu schwarz und führt ihm zu sehr die Besorgnis des Patrioten die Feder. Mag dem aber wie immer sein, jedenfalls hält Frankreich mit seiner Entwicklung uns den Spiegel vor, es zeigt uns den Weg, in den nach Ausweis der letzten Ziffern auch wir einlenken.

Noch aus anderen Gründen komme ich zu einem Ausblick, der entfernt nicht befriedigend genannt werden kann.

Wir hatten 1910 298 Geburten auf 10 000 Menschen. 1907 war die Ziffer noch 323. Das ist ein Rückgang binnen dreier Jahre um 25. Alles, was wir an Daten nach 1910 besitzen, spricht dafür, dass die Entwicklung sich nicht „staut", im Gegenteil trotz einzelner günstigerer Jahre sich beschleunigt fortsetzt. Würde sie aber auch nur in dem Tempo der letzten Jahre anhalten, so hätten wir 1920 rund 100 Geburten (auf 10000 Menschen) weniger als 1910, wir wären dann bei 198 angelangt. Die französische Geburtenziffer des Jahres 1910 war fast genau die gleiche, nämlich 197. Es stellt nach dem Gesagten keine Unmöglichkeit dar, dass wir das Frankreich von heute in 10 Jahren „eingeholt" haben werden. Dennoch wage ich diese Annahme nicht zu setzen. Ich will zugunsten einer optimistischeren Auffassung damit rechnen, dass die französische Geburtenziffer von 1910 uns erst im Jahre 1930 statt 1920 beschieden sein wird. Das ist eine sehr weitgehende, meiner Ueberzeugung nach fast „unerlaubt" weitgehende Einräumung an die „Optimisten", jedenfalls eine Einräumung, die die Möglichkeit von Rückschlägen auf dem Wege des Geburtenrückgangs reichlich in Rechnung setzt. Was aber die Sterblichkeit betrifft, so ist sie in jener Zeit von 1907 auf 1910 von 190 auf 171 zurückgegangen. Ein weiterer Rückgang der Sterblichkeit in diesem Ausmaasse ist nach Aussage aller medizinischen Autoritäten auf längere Zeit hin ausgeschlossen. Würde der Rückgang sich im Tempo der letzten Zeit auch nur bis 1920 fortsetzen, so hätten wir in diesem Jahre eine Sterblichkeit von insgesamt 94 auf 10 000. Ich wiederhole: ein Unding! Nach Aussage aller, die mit dem Gegenstand irgend vertraut sind, werden wir uns auf sehr lange hinaus bestenfalls mit einer Sterblichkeit von 130 bis 150 gegenüber den 171 des Jahres 1910 bescheiden müssen.

Bereits aus diesen Daten ergibt sich, dass die Geburtenziffer in Eilmärschen auf die niedrigste mögliche Ziffer der Sterblichkeit hin begriffen ist, und dass der hohe Geburtenüberschuss unserer Tage keinerlei Garantien enthält für einen hohen, ja auch nur halbwegs befriedigenden Ueberschuss der folgenden Zeit.

Sie sehen, die Voraussetzungen der Bevölkerungsoptimisten geraten bei näherer Prüfung in bedenkliches Wanken. Ich erblicke in dem Geburtenrückgang eine Gefahr aber darum, weil uns mit dem Verlust der Familie, der Kinder in der Familie, sittliche Werte von hohem Rang zweifellos verloren gehen, und zweitens weil die Fruchtbarkeit unserer — uns nicht notwendig immer freundschaftlich gesinnten — Nachbarn im Osten noch unangebrochen ist. Einschliesslich der Gebiete jenseits des Urals beträgt der Bevölkerungsvorsprung Russlands vor Deutschland heute schon glücklich 100 Millionen. Ich suche in meinem Buche „Geburtenrückgang“ zu begründen, dass er um die Mitte dieses Jahrhunderts, also in nicht mehr als 37 Jahren, etwa 150 Millionen sein wird. Ich füge hier hinzu, dass ich diese Schätzung als ein Minimum ansehe und es für durchaus möglich, ja wahrscheinlich halte, dass jener Vorsprung bis zur Mitte dieses Jahrhunderts noch über die 150 Millionen hinaus gediehen sein wird, so dass der Verbündete Frankreichs alsdann etwa (da wir es zu jener Zeit auf eine Bevölkerung von etwa 75 bis 80 Millionen gebracht haben dürften) dreimal so viel Menschen zählen wird wie Deutschland. Es gibt allerdings Volkswirte, die uns dann bereits 100 Millionen zusprechen, in welchem Falle der Vorsprung Russlands „nur“ 150 pCt. sein würde, wahrlich auch gewaltig genug, um im Falle eines Konfliktes uns leicht zu Unterliegenden zu machen! Schliesslich ist es aber — ganz abgesehen von den Vermehrungswahrscheinlichkeiten unserer Nachbarn im Osten — auch sonst ein national nichts weniger als erhebender Gedanke, Deutschland allmählich auf den französischen Standard sich einrichten zu sehen, mit den dann auch hier unvermeidlichen Folgen, die in Frankreich — von anderen als mir — gezeichnet worden sind.

Ist hier die nationale Seite der Geburtenfrage nachdrücklich berührt, hoffentlich mit dem Erfolge, eine Resonanz aus ihrem vaterländischen Empfinden heraus zu finden, und ist weiter darauf zu verweisen, dass der Gesamtreichtum eines Kulturvolks, wie meinem Buche des genaueren zu entnehmen ist, mit seiner Bevölkerungszahl steigt und fällt, so ergibt sich also weiter, dass mit der Frage der Geburtlichkeit nicht weniger als die Frage der nationalen Selbstbehauptung gestellt ist. Der natürliche Weg des Unterganges der Völker ist kein anderer als der des Sinkens der Geburtlichkeit. West-Rom ist auf diese Weise zugrunde gegangen (4), und neben unzähligen anderen Völkern und Stämmen, die dieses Los im Laufe der Zeiten ereilt hat, droht in unseren Tagen das gleiche Schicksal den Juden einer Anzahl Länder, so auch Deutschlands, bei denen das Uebermaass rechnerischer Erwägung heute schon Ziffern einer Geburtlichkeit zeitigt, die länderweise einen Ueberschuss der Sterbefälle über die Geburten bedingt. Für die bayerischen Juden ist konstatiert, dass, während noch 1876 der Ueberschuss der Geburten 801 und 1880 noch 688 betrug, er schon 1909 auf 32 zusammengeschrumpft war, womit auch ungefähr der Punkt erreicht ist, jenseits dessen das Aussterben beginnt. Bei den preussischen Juden dürften die Verhältnisse nicht sehr viel anders liegen (5). Kommentiert werden diese Ziffern von Theilhaber in seinem Buche „Der Untergang der deutschen Juden“ 1911, mit den Worten: Früher war „der Jude seinem Gotte und seinem Volke gegenüber angehalten, auf Nachkommenschaft bedacht zu sein. Mit der Befreiung vom Nationalen und Religiösen fielen alle Schranken. Der moderne Lebenskünstler brauchte hierin auf nichts acht zu haben. Er ist aller Pflichten enthoben (6).“ Die Juden haben immerhin eine Einwanderung von aussen (7), die Gesamtheit des deutschen Volkes hat auf ähnliche Hilfe nicht zu rechnen.

So stellen sich also die Aspekten für die deutsche Nation in der Tat nicht als erfreulich dar, und sie enthalten die Forderung an den Staatsmann wie an jeden Patrioten, die aufgeworfene Lebensfrage des ernstesten zu bedenken.

Kinder aufzwingen kann man natürlich niemandem. Dass das Volk je aus patriotischen Erwägungen heraus Kinder aufziehen werde, bezeichnet Levasseur bereits für Frankreich, wo man des patriotischen Sinnes im allgemeinen doch auch nicht ermangelt, als Absurdität. Wir befinden uns in dem Geburtenrückgang auch zweifellos einer elementaren Bewegung gegenüber, die aus rationalistischen Erwägungen geboren, nur mit diesen dahinfallen kann, ein Fall, der für den nüchternen Beurteiler von Volkspsyche und Geschichte keineswegs in Betracht kommt. Heisst es also trotz allen Widerstrebens die Hände resigniert in den Schoss legen? Dr. v. Heerenbergh hat in der „Allgemeinen Rundschau" (26. Juni 1909) den Neomalthusianismus als den „grossen Tod des 20. Jahrhunderts" behandelt. Dass wir, wenn auch die Bewegung nicht aufhalten, sie doch verlangsamen und in ihren Resultaten weniger verhängnisvoll gestalten können, soll im zweiten Teile dieses Vortrages bewiesen werden.

II.

Insgesamt scheinen mir für den Feldzug gegen den Geburtenrückgang drei Gruppen von Maassnahmen in Betracht zu kommen, mit einem militärischen Bild: drei Armeekorps dagegen aufgestellt werden zu können. Die Aufgabe des ersten würde sein, auf einen Umschwung der „öffentlichen Meinung" in Hinsicht der Fragen der Kinderzeugung, zumal auch bei den berufenen Führern des Volkes in diesen Dingen, den Aerzten, hinzuarbeiten. Die Aufgabe des zweiten wäre, den wirtschaftlichen Druck, welchen eine zahlreiche Familie für den Familienvater zweifellos bedeutet, durch eine Reihe von Maassnahmen auszugleichen. Die Aufgabe des dritten ist durch die Tatsache gegeben, dass unsere Geburtlichkeit nicht zuletzt durch die Verbreitung der Geschlechtskrankheiten beeinträchtigt ist und der Kampf gegen diese also geeignet ist, auch die Geburtenzahl zu heben.

Ist es der Rationalismus und Materialismus unserer Zeit, was die Bewegung zum Zweikinder- und Einkindsystem hin entschieden hat, so sollte in thesi schon von den auf Erneuerung, auf Wiedererweckung der Tradition gerichteten Bestrebungen eine Neubelebung auch des Familien- und Kindersinnes und danach der Fortpflanzungstätigkeit in der Ehe zu erwarten sein. In praxi ist hier aber, wie jedermann erkennt, der sich nicht Illusionen hingibt, bis auf weiteres nicht viel zu leisten. Von katholischer Seite wird darauf hingewiesen, dass die katholischen Missionen oft Wunder gewirkt hätten, und wir haben keinen Grund, den Berichten zu misstrauen, wonach hier und dort abgehaltenen Missionspredigten eine Zunahme der Kinderzahl gefolgt ist. Aus Münster i. W. wird geschrieben (der „Allg. Rundschau" v. 15. Juni 1912): „Im März d. J. wurde hier in allen Kirchen eine 14 tägige Volksmission von Ordensgeistlichen abgehalten. Bei dieser Gelegenheit wurde auch die Verwerflichkeit des Neomalthusianismus in ausdrücklichster Weise betont. Vielleicht hegt man Zweifel, dass derartige Mahnungen zur christlichen Sittlichkeit einen allgemeinen Eindruck machen würden. Diese Zweifel verschwinden aber vor dem Faktum, das kürzlich zu meiner persönlichen Kenntnis gelangte. Ein hiesiger Bandagist (Drogist) betrieb früher einen schwungvollen Handel mit sogenannten ‚Pariser Artikeln', eben aus dem Grunde, weil der Mann eine bedeutende Einnahme aus diesem Teile seines Geschäftes hatte, die er nicht missen wollte. Der sonst solide Geschäftsmann erzählte mir nun unlängst, dass er seit Abhaltung der Volksmission fast gar nichts mehr mit diesen ‚Schutzmitteln' verdiene. Unmittelbar nach der Mission sei ein rapider Sturz in der Nachfrage erfolgt, der noch fast unvermindert anhält." Aehnlich lautende Stimmen liegen in grösserer Zahl vor. Hier sei nur noch eine wiedergegeben. In der „Zeitschrift für Medizinalbeamte" (1911, Nr. 23) lässt sich J. Berger, Kreisarzt in Crefeld, wie folgt vernehmen: „Bei meinen Studien über den Rückgang der Geburten ist es mir aufgefallen, dass das gleichmässige Dunkel des Geburtenrückganges in dieser oder jener Gemeinde, ja sogar in diesem oder jenem Stadtteil durch eine plötzliche Geburtenzunahme unterbrochen wird. Ermittelungen ergaben, dass im Jahre vorher in dem betreffenden Orte die katholischen Missionen ihren segensreichen Einfluss ausgeübt hatten. Es kann gar keinem Zweifel unterliegen, dass dies die alleinige Ursache war; meine Beobachtung wurde mir von erfahrenen Männern bestätigt. Die Hebammen erzählten mir auf Befragen, dass sie die gleiche Beobachtung schon seit langer Zeit gemacht hätten.“ Der Kausalnexus liegt auf der Hand: die katholische Kirche bezeichnet Prävention als Todsünde, und auf diese Qualifikation jener Uebung wird in den Missionspredigten mit besonderem Nachdruck hingewiesen. Trotzdem dürfte von Veranstaltungen dieser Art nicht zu viel mehr zu hoffen sein. Das katholische Deutschland mit einem Netz von Missionen zu überziehen, geht sicherlich nicht an. Uebrigens wird auch von diesen geneigter Seite ausgesprochen, dass ihre Wirkung regelmässig in kurzem, „in 3—5 Jahren“ erloschen ist. Es wäre also eine Erneuerung der Missionstätigkeit in solchen Intervallen nötig, um die Wirkung sicherzustellen!

Eine viel allgemeinere Einwirkung auf den Zeugungswillen der Eheleute ist von einer „Umwertung“ der hier in Frage stehenden Werte in der Oeffentlichkeit und zumal in der Aerzteschaft zu erwarten. Die Gebildeten unserer Tage sind in neomalthusianischer Atmosphäre gross geworden. Vor allem sind aber unsere Aerzte, die Berater der Familie nicht bloss in kranken Tagen, in den Ideenkreis des Neomalthusianismus gezogen. Sie huldigen ihm heute — bei aller Idealität in der Auffassung ihres Berufes und gerade aus dieser heraus, worin der deutsche Arzt wohl unübertroffen dasteht, — vermutlich in der Mehrheit. „Die alte ärztliche Schule“, so wird von einem Arzt konstatiert, „hat sich um die Verhütung der Konzeption wenig gekümmert; noch heute sind manche Universitätslehrer und Aerzte der Ansicht, die ärztliche Tätigkeit habe im allgemeinen mit derartigen Maassnahmen nichts zu schaffen. Daneben wollen andere Mediziner die Anwendung solcher Maassnahmen zwar gelten lassen, jedoch nur bei wirklichen ärztlichen Indikationen und in dringlichen Fällen.“ Eine dritte Gruppe, „wohl fortgesetzt sich vermehrend, zahlreich aus Frauenärzten bestehend, hält sich, wie es scheinen will, schon für berechtigt, auch den eigenen Wünschen der Klienten in gewisser Weise Rechnung zu tragen". Dabei sind die Gründe, aus denen die Unterstützung des Arztes angerufen wird, häufig genug direkt frivol. Eine Badereise, der Wunsch, eine gesellschaftliche Saison nicht zu versäumen und ähnliches, wie zuverlässig berichtet wird.

Hier ist nun eine Umkehr und Einkehr möglich. Selbstverständlich denke ich nur an eine solche, die nichts Gewaltsames hat. Es handelt sich einzig darum, den Arzt mehr als das bisher der Fall war, mit der „Kehrseite der Medaille" bekannt zu machen, um es dann seinem Gewissen zu überlassen, im einzelnen Falle seine Unterstützung zu gewähren oder zu versagen. Gegenwärtig ist er solche Unterstützung oft genug seinem prinzipiellen Standpunkt schuldig, demzufolge ein Weniger an Kindern unter allen Umständen ein Segen ist. Eine Einflussnahme, die ihn auch die andere Seite kennen lehrt, ist da zweifellos geboten. Zunächst und hauptsächlich dürfte sie in den Jahren der Lehre, den Universitätsjahren, zu versuchen sein. Die alte Generation lernt selten mehr um. Von ärztlicher Seite wird ausgesprochen, heute sei in den Kollegien über Hygiene, in der Klinik für Frauenkrankheiten, in jenen für Haut- und Geschlechtskrankheiten, ja möglicherweise selbst in den Vorlesungen über die gerichtliche Medizin der Neomalthusianismus stiller Gast. Ich habe keine Kontrolle darüber. Ist er es aber wirklich, so ist die Frage aufzuwerfen, ob er diese Rolle verdient, ob sie ihm zu belassen ist.

Nicht nur das „Für", sondern ebenso das „Wider" des Neomalthusianismus ist aber, wie schon gesagt, auch der breiteren Oeffentlichkeit zur Kenntnis zu bringen. In wie weiten Kreisen er gegenwärtig zu Hause ist und selbst in solchen, wo man ihn am allerwenigsten vermuten sollte, ergibt sich, wie schon aus der Tatsache des Geburtenrückgangs, so auch unmittelbar aus Aeusserungen, die gelegentlich an die Oeffentlichkeit dringen. Im deutschen Pfarrerblatt klagt ein evangelischer Landpfarrer: „Als ich fünf Kinder hatte, sagten mir zwei meiner Landräte, die ich natürlich kurze Zeit nacheinander bekam: „O, soviel Kinder haben Sie"! Und wie oft habe ich das wieder gehört von allen möglichen Menschen! Das sagten mir Geschäftsleute, Handwerker und selbst Bauern!" Ein Fall sicher für tausende, ja hunderttausende! Dass die öffentliche Meinung in diesen Dingen nun auf etwaige Vorstellungen hin „einschwenken" werde, ist selbstverständlich nicht zu erwarten. Die Bewegung auf eine Verminderung der Geburten hin wird durch den Versuch einer Einflussnahme auf die öffentliche Meinung nicht „auf den Kopf zu stellen“ sein. Als völlig wirkungslos mögen solche Vorstellungen trotzdem nicht zu erachten sein. Und was möglich ist, ist eine Verlangsamung der Bewegung und eine gewisse Eindämmung des Stromes, der heute die Ufer weithin überflutet.

Indes wird es nicht bei der Einwirkung auf a) die öffentliche Meinung und b) die Aerzte sein Bewenden haben. Auch c) Verwaltung und d) Gesetzgebung sind hier aufzubieten. Im besonderen die Frage der Stellungnahme zur Uebung der Kindesabtreibung und zur Prävention im engeren Sinne wird von ihnen zu diskutieren und zu lösen sein.

Die Mittel, mit denen heute das Zweikinder- und Einkind-, oder selbst Keinkindsystem verwirklicht wird, sind dreierlei: erstens die Prävention im engeren Sinne, d. h. die Verhinderung der Konzeption — in ungeheurem Umfange praktiziert —, zweitens die Abtreibung, über die ich Ihnen Ziffern bieten werde, drittens, als eine ganz moderne Erscheinung, aber wieder mit steigender Frequenz, die dauernde Unfruchtbarmachung der Frau. Ich habe darüber in meinem mehrfach erwähnten Buche eingehender referiert.

Ueber statistisches Material, wenn auch nicht von ganz einwandfreier Beschaffenheit, verfügen wir für das Kapitel der Abtreibung. Die Abtreibung ist internationaler Brauch und von ungeheurem Alter, bereits die Urzeit scheint sie gekannt zu haben; heute wird sie nach allgemeiner Annahme besonders stark in der amerikanischen Union, in den englischen Kolonien, sowie in Frankreich geübt, in welchen Gebieten wir ja auch die verhältnismässig geringste Kinderzahl finden. Max v. Oettingen berichtet aus der Union, dass „Tausende und Abertausende amerikanischer Frauen die Fruchtabtreibung als eine ebenso einfache Sache betrachten und praktizieren, wie das Ausziehen eines hohlen Zahnes“, und für New York geht seit längerer Zeit eine Schätzung um, wonach die Zahl der Abtreibungen daselbst pro Jahr 80 000 sein soll, während für Frankreich eine Mindestschätzung von 60 000 vorliegt, die Ziffer in Wahrheit aber bei 100 000 oder darüber liegen dürfte. Für Deutschland wäre auf Grund von Angaben von vertrauenswürdiger Seite, nämlich von seiten führender Gynäkologen, die Zahl der jährlichen Abtreibungen gleichfalls auf allermindestens 100 000 im Jahre anzuschlagen. So rechnet Hegar (8) eine Abtreibung auf jede achte bis zehnte Geburt, Seitz auf jede fünfte bis sechste. Das wären auf 2 000 000 jährlicher Geburten zwischen 200 000 und 400 000 Aborte. 200 000 wären danach Mindestziffer, ich will, um nicht der Uebertreibung geziehen zu werden, auch sie halbieren. Dabei ist aber die Zahl der Abtreibungen nach allgemeiner Annahme im Wachsen (9). Ein Soziologe, der Berliner Arzt Goldstein, ein Schüler Brentano's, von letzterem häufig citiert, meint sogar aussprechen zu dürfen, „dass beinahe alle Frauen dieses Vergehens schuldig sind“ (10). Ich bin entfernt nicht geneigt, mich dieser Annahme anzuschliessen. Dass aber dieser Ausspruch überhaupt gewagt werden kann, besagt genug.

Bevor ich die Mittel, die gegen eine zu weitgehende Förderung der Abtreibung in Frage kommen, zur Diskussion stelle, will ich jedoch noch der Prävention im engeren Sinne ein Wort widmen.

Für die antikonzeptionellen Mittel wird heute eine ungeheure Reklame, im Wesen kaufmännischen Charakters, ins Werk gesetzt. Fast als ob es den Vertrieb eines harmlosen Wassers, einer Art Odol, gelte! Und diese Reklame wendet sich schon an die grosse Masse, nicht mehr bloss an die dünnere Oberschicht. Kaum bekommt heute jemand ein Kind, so wird er mit Ratschlägen zur Verhütung des zweiten Kindes überschüttet. „Ein einfacher Eisenbahnarbeiter in einer kleinen Stadt Westfalens erhielt,“ so erzählt der „Volkswart“, Organ des Verbandes der Männervereine zur Bekämpfung der öffentlichen Unsittlichkeit in Cöln, „unmittelbar nach der Geburt seines ersten Kindes nicht weniger als 23 Prospekte betreffend Kinderverhütung.“ Die standesamtliche Nachricht hatte den Fabrikanten und Händlern die Adresse des Mannes in die Hand gespielt.

Auch auf dem Lande, das man vielleicht unberührt meint, hat sich diese Propaganda ungeheuer ausgebreitet. Hier steht der Hausierer, der gewerbsmässige und der unbefugte, in ihrem Dienst.

Es ziehen, so sagt ein Bericht, allerlei Leute, heimlich oder mit einem Wandergewerbeschein für Fliegenfallen, Regenschirme, Leinen, Wachs- und Ledertuche, Baumwollen-, Kram- und Spielwaren u. dgl. m., im Auftrage centraler Geschäftshäuser umher, benutzen besonders die Zeit, wo die Ehemänner nicht zu Hause sind, und bringen das Volk, zumal die Frauen, auf Dinge, von denen sie bisher noch nichts wussten; die Gerichtsverhandlungen ergeben das. Im übrigen geben, sagt der Bericht weiter, Prospekte, zum Teil mit unglaublichen Abbildungen, oft verblümten Inhalts, in die ganze Welt hinaus, werden manchmal mit grösstem Raffinement an die Leute gebracht, so z. B. auf Grund der Standesamtsnotizen an junge Eheleute oder nach der Geburt des ersten Kindes. Da wird erst gratuliert, dann auf die „Hygiene" der Ehe hingewiesen, die Einforderung näherer Ratschläge anheimgestellt und, sofern eine solche Einforderung erfolgt, irgendein Mittel gegen die Conception zu hohem Preise nebst Prospekt und Anpreisung übersandt. Diese Art des Vorgehens hat ihre guten Gründe. Denn da ein Rat erbeten ist, kann die Erteilung desselben nicht als Beleidigung, öffentliche Anpreisung u. dgl. betrachtet werden, die den Urheber in Strafe fallen lassen würden.

Es ist klar, dass auch hier überall einzusetzen sein wird. Kriminell verfolgt werden gegenwärtig in Deutschland meiner Berechnung nach vielleicht 5 Abtreibungen auf 1000, dabei ist diese Quote aber gegenüber anderen Ländern, wie Sie meinem Buche entnehmen können, überaus hoch. Anderwärts ist das Auge des Gesetzes nicht so wachsam wie in Deutschland. Ist die Ziffer auch bei uns erstaunlich niedrig, so bin ich trotzdem nicht geneigt, strengerer strafrechtlicher Verfolgung der Abtreibung, soweit die Person der Abtreibenden selbst in Frage kommt, das Wort zu reden; ich fürchte vielmehr, dass dabei mehr geschadet als genützt wird. Dagegen dürfte es allerdings angebracht sein, wie auch von anderer Seite bereits mehrfach vorgeschlagen, jede direkte und indirekte Anreizung oder Anlockung zur Abtreibung unter Strafe zu stellen. Leicht wird die Durchführung auch einer solchen Bestimmung nicht sein. Denn über diese Dinge wird heute ganz harmlos zwischen Frau und Frau gesprochen, und was da Anreizung und Anlockung ist, das festzustellen ist auch für den Kriminalisten keine leichte Aufgabe. Und wovor wir uns hüten müssen, ist eine moderne Inquisition auch auf diesem heikelsten aller Gebiete.

Erwägung verdienen dagegen sicher strengere Anweisungen an die Hebammen — ich dachte gelegentlich sogar an die „Verstaatlichung des Hebammenberufs", an die Zuteilung des Beamtencharakters an dieselben im Interesse von vielerlei Dienstleistungen der Volkshygiene, die ihnen zugeteilt werden könnten, habe mich dann aber Bedenken gefügt, die eine solche Verstaatlichung wecken müsste —, wie vor allem auch eine Einschränkung der maasslosen Propaganda für die Mittel der Prävention. Die Vorrathaltung dieser Mittel auf Apotheken zu beschränken und die Abgabe vom ärztlichen Rezept abhängig zu machen, hat leider wieder auch eine bedenkliche Seite (11), denn sie leistet der der Volksgesundheit weit schädlicheren Abtreibung Vorschub. Jedenfalls wird darüber hinaus meines Erachtens nicht zu gehen sein. Insbesondere erscheinen mir die bekannten Winckel'chen Vorschläge zur Verhütung der Abtreibung eine gröbliche Verkennung dessen, was unserer Zeit zugemutet werden kann. Wer für strengere Maassnahmen eintritt, wolle nicht übersehen, dass sie doch nicht durchzusetzen sein oder, wie schon erwähnt, mehr Unheil als Wohltat stiften würden. Bereits ist ja auch ein Anfang gemacht, nämlich in einzelnen Regierungsbezirken Preussens begonnen worden, der Präventivpropaganda in der Ehe, die ja nicht den Zweck hat, die Uebertragung von Geschlechtskrankheiten, sondern einzig und allein die Konzeption zu verhindern, durch Erschwerung der Erlangung der standesamtlichen Nachrichten für die in Frage kommenden Präventivmittelfirmen zu steuern. Auch wird die den Präventivverkehr empfehlende Literatur hin und wieder schärfer überwacht. Bezirksweise werden Broschüren, in deren Inhalt auch eine Vorschubleistung an die Unzucht zu erblicken ist, konfisziert. Mit Bezug auf zweideutige Annoncen ist sogar eine internationale Verständigung vorgeschlagen worden. Indess sollte genügen, wenn jeder Staat für sich ein wachsames Auge darauf hat. Speziell in Deutschland dürfte aber eine Ergänzung der vorhandenen Strafmittel bei der Reform des Strafgesetzbuchs trotz aller, von mir nicht übersehener, Schwierigkeiten ernstlich ins Auge zu fassen sein.

Soviel über die Möglichkeiten, durch Einwirkung auf die „öffentliche Meinung" in diesen Dingen, der dann auch die Aerzte untertan sind, und durch die Bekämpfung der „Auswüchse" der Prävention usw. etwas zu erreichen. Das ist, wie ich vorhin sagte, das eine gegen den Geburtenrückgang aufzubietende „Armeekorps".

Die Aufgabe des zweiten ist ganz anders bezeichnet. Hier handelt es sich darum, in die materiellen Erwägungen, die den Entschluss der Eltern bedingen, einen Faktor einzuführen, der die Rechnung sich zugunsten einer grösseren statt einer kleineren Kinderzahl verschieben lässt. Also Förderung des Kindersegens durch Verminderung der für die Eltern aus den Kindern erwachsenden materiellen Last, durch direkte Unterstützung kinderreicher Eltern und, als Gegenstück, auch behufs Aufbringung der Mittel dazu, verstärkte Heranziehung der Personen, die sei es der Ehe, sei es den Kindern aus dem Wege gehen. Auch hier sind bisher nicht mehr als ganz schüchterne Ansätze zu verzeichnen. Auch hier lässt sich aber, wenn schon sicher nicht alles — ich gebe mich darüber keinen Illusionen hin —, so doch vieles leisten!

Die Staffelung der Maassnahmen, um die es sich handeln kann, ist folgende: 1. Heiratsförderung durch a) Junggesellensteuern, b) Steuerbegünstigung und, soweit das Interesse des Dienstes es gestattet, c) weitere Bevorzugung von Familienvätern im Staats- wie überhaupt im öffentlichen Dienste, womöglich auch in dem privater Unternehmungen; 2. Förderung des Kindersegens, d. h. grösserer Kinderzahl, durch Ausbau des Kinderprivilegs bei steigender Zahl Kinder im Rahmen der Einkommen-, vielleicht auch der Vermögenssteuer, wie durch Gewährung von Kinderzulagen und von Erziehungsbeiträgen für Kinder, wenn eine bestimmte Zahl erreicht wird. Zu stärkerer Wirkung wäre innerhalb dieser Gruppe von Maassnahmen die direkte Aufziehung von Kindern durch Staat oder Gemeinde berufen. Hier wäre dann auch eine Berücksichtigung der eigentlichen Stiefkinder unserer Gesellschaft, nämlich der unehelichen, die ihrerseits eine Schuld daran, dass sie unehelich sind, sicherlich nicht tragen, möglich und dringend erwünscht.

Um auf das Nähere einzugehen!

Die Zahl der Eheschliessungen ist in jüngerer Zeit im Sinken. 1908 hatten wir 82 Eheschliessungen auf 100 Einwohner des Deutschen Reiches, 1907 hatten wir deren 81, 1908 80, 1909 78, 1910 77. Insgesamt ist die Ziffer für ein Land alter Kultur aber nicht als niedrig zu bezeichnen, denn Frankreich hatte bei einer grösseren Zahl heiratsfähiger Menschen auch nur 79 Eheschliessungen im Jahre 1910, Oesterreich sogar nur 75, England 74, die amerikanische Union freilich 90 und darüber, bis an (beispielsweise im Staate Michigan 1907) 110. Was die Zahl der Junggesellen betrifft, so zählten wir solcher 1900 4 300 000 im Alter von 20 bis 50 Jahren, also jenen Jahren, die für die Eheschliessungen und Fortpflanzung in Betracht kommen. Heute wird die Zahl rund fünf Millionen sein. An Unverheirateten fehlt es also nicht. Freilich schreiten unter diesen Unverheirateten viele zur Heirat, solange sie es aber nicht tun, sind sie, mit Ausnahme der sogenannten geistigen Arbeiter, die eine längere Vorbereitung brauchen, und mit Ausnahme jener, die für Angehörige zu sorgen haben, zweifellos durchschnittlich von grösserer steuerlicher Leistungsfähigkeit als die Verheirateten, mindestens insoweit sich bei diesen die Ehefrau nicht dem Erwerb, vielmehr dem Hausstand widmet. Die Junggesellen sind von grösserer Leistungsfähigkeit nicht nur vermöge des Umstandes, dass sie nicht für Frau und Kinder zu sorgen haben, sondern schon vermöge des für die Steuer vor allen anderen in Betracht kommenden Moments, dass sie bei dem Mangel solcher Zugehöriger viel weniger indirekte Steuer zahlen — ein Gesichtspunkt, der bisher, soviel ich sehe, unberücksichtigt geblieben ist, während gerade er die ernsteste Berücksichtigung verdient. Für uns kommt allerdings des speziellen seine Anwendung für den Zweck der Geburtenförderung in Betracht. Mag der einzelne bis in höhere Jahre ehelos bleiben, gut — nicht nur zur Liebe und zu Kindern, auch zur Ehe kann man niemand zwingen —, aber, soweit er nicht für Angehörige zu sorgen hat und dadurch eine Ausnahmestellung begründet, ist er vermöge seiner höheren Leistungsfähigkeit zu höherer Steuer zu verhalten. Der Ertrag dieser Steuer kann ja dann direkt der Aufziehung von Kindern, die etwa des Versorgers entbehren oder die besonders kinderreichen Familien entstammen, dienstbar gemacht werden, zumal auch die Frage eine Erwägung verdient, ob wir in der Tat gut tun, unsere Sozialpolitik vor allem den unproduktiven Elementen der Volksgemeinschaft, den Invaliden und den Greisen, dienstbar zu machen und nicht mindestens gleichmässig jenen, von deren Produktivität die Volksgemeinschaft noch etwas zu erwarten hat.

Bisher ist über Junggesellensteuern wohl des öfteren geredet worden, geschehen ist fast nichts. In Deutschland hat das Fürstentum Reuss einen schüchternen Anfang damit gemacht. Ausserhalb Deutschlands soll Argentinien eine wohl ausgebildete Junggesellensteuer besitzen, die für Männer von 20 bis 30 Jahren etwa 25 Mark, für solche von 30 bis 35 Jahren 50 Mark und für höhere Alter 120 Mark beträgt. In deutschen Staaten würde die Steuer selbstverständlich an die ja fast allgemein vorhandene Einkommensteuer anzulehnen sein. Reuss, das, wie Sie wissen, noch lange kein Prozent der deutschen Bevölkerung zählt, erhebt sie in dieser Weise mit 5 pCt. Zuschlag bei Einkommen von 300 bis 6000 Mark, mit 10 pCt. Zuschlag bei Einkommen in höherem Betrage. Zuschläge gleich diesen sind immer noch so gering, dass, wo immer sie zur Erhebung gelangen, sie kaum die Gefahr in sich schliessen, kranke, etwa geschlechtlich verseuchte oder tuberkulöse Junggesellen zur Heirat zu verführen. Für hohe Junggesellensteuern kann ich aus dem eben angedeuteten Grunde allerdings nicht (12) sein.

Das also über Mittel der Heiratsförderung.

Was die Förderung grösserer Kinderzahl in einmal geschlossener Ehe betrifft, so schweben bekanntlich auch über das „Kinderprivileg“ unter der Einkommensteuer gegenwärtig in Preussen Verhandlungen. Bisher war und ist das Kinderprivileg als unzureichend zu bezeichnen, wenn auch der Fortschritt zunächst von 1906 auf 1909 unverkennbar ist. Es muss mit der Zeit nach Möglichkeit zu einem Betrage erwachsen, um eine wirkliche Beihilfe an die Eltern grösserer Familien zu sein, zumal auch hier wieder in Betracht kommt, dass bei grösserer Kinderzahl vom Familienvater mehr indirekte Steuer entrichtet wird als in kinderarmen und kinderlosen Ehen, so dass das Minus der dem kinderreichen Vater auferlegten direkten Steuer nicht viel anderes als ein ungefährer Ausgleich für das Mehr indirekter Steuer, welches er zu zahlen hat, ist.

Wie das sogenannte Kinderprivileg, kommen für den Zweck der Förderung grösserer Kinderzahl Gehaltszulagen in Frage, gewährt an die Väter kinderreicher Familien, d. h. ein Aufbau der Besoldungen, wie er staatlicherseits gegenwärtig von Ungarn in Anwendung gebracht wird, anderwärts aber, wie in Frankreich, auch von seiten grosser Privatunternehmungen, hauptsächlich der Eisenbahngesellschaften, ins Werk gesetzt wird.

Schliesslich — last not least — wäre noch die Uebernahme der Erziehung jedes dritten, vierten Sohnes, vielleicht überhaupt jedes Kindes über das vierte oder fünfte hinaus, wenn sie den Eltern schwer fällt, durch Staat oder Gemeinde der Erwägung wert.

Aber auch der unehelich Geborenen wird man sich ganz anders, sehr viel entschiedener und humaner, anzunehmen haben als bisher. Wir haben in Deutschland jährlich fast 200 000 uneheliche Geburten, und ihre Zahl ist gerade in den Gegenden besonders gross, wo die Fruchtbarkeit gering ist. So hatte 1910 bei einem Durchschnittsstand in Deutschland von 9 (genau 9,1) pCt. unehelicher Geburten die Reichshauptstadt die doppelte Verhältniszahl, nämlich 20,9 pCt., ferner das durch seine niedrige Geburtenziffer ausgezeichnete Königreich Sachsen rund 15 (genau 14,9) pCt., auch Hamburg, das wieder durch eine besonders niedrige Geburtenziffer exzelliert, 14,1 pCt. usw.

Die Sterblichkeit der unehelichen Kinder ist als eine ganz besonders grosse seit langem bekannt. Sie erreicht nicht weniger als die doppelte Höhe jener der ehelich Geborenen. Fordert die Säuglingssterblichkeit überhaupt die energischste Bekämpfung, so sollten — ich wage diesen Ausspruch! — nicht zuletzt diese bisherigen Stiefkinder der Gesellschaft weiterhin ihre Schosskinder werden! Der Erfolg wäre nicht zuletzt ein Sinken der Kriminalität und der Kosten, die diese bedingt.

Das sind also in weitem Rahmen die Umrisse einer Geburtenpolitik, wie sie mit den Mitteln des modernen Staates und ohne dem modernen Empfinden zu widerstreben, also mit der Aussicht auf Billigung auch der öffentlichen Meinung, wie der Parlamente, zweifellos in Frage kommt. Ich habe bloss einiges Näherliegende ausgehoben, indem ich für weiteres auf meine grössere Publikation verweise.

Nahe mag die Frage liegen, ob nicht auch die physiologische Fruchtbarkeit einer Hebung fähig sei. Im Durchschnitt ist sie freilich gross genug (13). Es ist aber nicht unbekannt, erstens, dass vielfach ursprüngliche Unfruchtbarkeit bei Mann oder Frau zu verzeichnen ist mit dem Erfolg, die Ehe kinderlos zu machen, und zweitens, dass ursprünglich vorhandene Fruchtbarkeit beider Teile verloren gehen kann. An solchem Verluste tragen hauptsächlich Geschlechtskrankheiten die Schuld. Jede Verminderung der Geschlechtskrankheiten ist darum geeignet, die Geburtenziffer der Nation zu erhöhen. Gegen die Geschlechtskrankheiten ist also das „dritte Korps" der zum Kampf für eine höhere Geburtlichkeit aufzubietenden Armee mobil zu machen.

Ob die Verbreitung der Geschlechtskrankheiten in Deutschland in Zunahme oder in Abnahme begriffen ist, darüber sind die Meinungen geteilt. Die in meinem Buche „Der Geburtenrückgang" mitgeteilten Daten sind zum Teil geeignet, der pessimistischen, zum anderen der optimistischen Auffassung Recht zu geben. Ich entschied mich schliesslich dahin, dass eine Vermehrung der Krankheitsfrequenz nicht behauptet werden könne. Gegen eine solche Zunahme spricht der vermehrte Gebrauch von Präventivmitteln jeder Art. Ich bin bei weiterer Beschäftigung mit dem Gegenstande jedoch nicht in der Lage, diese Annahme aufrechtzuhalten. Denn die Abwanderung in die Städte, die „Urbanisierung" der Nation bedeutet ihre Zugänglichmachung für Geschlechtskrankheiten in ganz anderem Maassstabe als bisher. In den Städten wuchern die Geschlechtskrankheiten in zunächst unvermutetem Maasse.

Eine in Preussen 1900 vorgenommene Zählung hat festgestellt, dass an einem bestimmten Tage dieses Jahres, am 1. April, wegen Geschlechtskrankheiten in ärztlicher Behandlung waren: auf je 100 000 Einwohner

in Berlin	1870
„ Städten mit über 100 000 Einwohnern . .	1280
„ „ von 30—100 000 „ . .	750
„ „ mit unter 30 000 „ . .	620
„ Kleinstädten und Landgemeinden	96

Auf dem Lande Geschlechtskrankheiten also eine Seltenheit, in der Gross- und gar in der „Grösststadt" fast die Regel! Diese preussischen Ziffern stehen in keiner Weise vereinzelt da. Sie scheinen vielmehr ein internationales Phänomen wiederzugeben, hängen mit gewissen Unterschieden des Sexualverkehrs in Stadt und Land zusammen. So ist auch für Dänemark auf Grund zehnjähriger Beobachtung konstatiert, dass Kopenhagen etwa 53 mal stärker von Geschlechtskrankheiten heimgesucht ist als das platte Land. Blaschko, der zweifellos beste Kenner der Frage bei uns, äussert die Vermutung, dass, würde man in unserer Statistik das flache Land nach dänischem Muster ganz von den Städten trennen, sich für die geschlechtliche Ansteckung in Preussen in Stadt und Land ziemlich das gleiche Verhältnis ergeben würde wie in Dänemark! Also auf rund einen auf dem Lande geschlechtskranken Menschen nicht weniger als 50 in der Hauptstadt!

Bedingt ist dieses ungeheure Ueberwiegen der Städte in Hinsicht der Geschlechtskrankheiten 1. durch die Ermöglichung eines rascheren Wechsels der Person, zu welcher geschlechtliche Beziehungen angeknüpft werden — auf dem Lande und in der Kleinstadt ist die Verbindung beider Geschlechter eine ungleich stetigere, der in der Stadt die Regel bildende Wechsel der Person trägt eine etwa vorhandene Infektion aber immer weiter. Daneben spielt in der Stadt natürlich 2. der durch die Prostitution repräsentierte Krankheitsherd — auf dem Lande ist dieses Institut fast unbekannt — und endlich etwa 3. die in der Stadt, dank ihrer vielfachen Reizungen und Gelegenheiten wohl viel eifrigere geschlechtliche Betätigung eine Rolle. Freilich mag in der Stadt auch die Registrierung der Geschlechtskrankheiten, die Inanspruchnahme des Arztes dafür die vollständigere sein und sich dadurch die Ziffer als eine höhere berechnen. Insgesamt übersteigt aber die zahlenmässige Vertretung der Geschlechtskrankheiten in den Städten dem Lande gegenüber jede Vorstellung. Nun ist, wie schon erwähnt, gleich den anderen Nationen auch die deutsche im Laufe der letzten Jahrzehnte immer mehr Stadtnation geworden. Dieser Umstand wird den Schluss auf eine Zunahme der Geschlechtskrankheiten im Reichs- oder Landesdurchschnitt nicht nur gestatten, ihn vielmehr aufdrängen. Er wird denn auch von Sachkennern nicht abgewiesen (14).

Für's erste scheinen die mitgeteilten Ziffern allerdings auszusprechen, dass trotz des ungeheuren Ueberwiegens der Geschlechtskrankheiten in den Städten insgesamt der geschlechtlich zeitweilig kranke Teil des Volkes gering ist, selbst in Berlin noch nicht 2 Personen auf 100 und in ganz Preussen — ich folge hier immer den offiziellen Ziffern — noch nicht ganz eine Person (genau 0,96) auf 1000 (15). Wenn man dem dann gegenüberstellt die Tatsache, dass es in Russland, welches uns populationistisch am meisten bedrängt, Kreise gibt, wo die Syphilis endemisch auftritt und bis 95 pCt. der Bevölkerung verseucht hat (16), so möchte man über die verhältnismässige Gesundheit unseres Volkes frohlocken. Doch geben jene Ziffern in Hinsicht der Verbreitung der Geschlechtskrankheiten bei uns ein ganz falsches Bild. Dass sich an der fraglichen Enquete, die allen an dem vorgenannten Tage in Behandlung stehenden über 15 Jahre alten Geschlechtskranken galt, nur 63 pCt. der Aerzte beteiligt haben, fällt minder stark ins Gewicht, dieses Faktum würde eine Erhöhung der gefundenen Ziffern nur um etwa die Hälfte (37 pCt. sind etwas über die Hälfte von 63 pCt.) bedingen. Wesentlich anders präsentieren sich die Daten dagegen, wenn man bedenkt, dass für die Heilanstalten erwiesenermaassen die jährliche Erkrankungsziffer etwa das Zwölffache der Ziffer ihres jeweiligen Krankenstandes beträgt, für die ambulante Behandlung vielleicht das Sechsfache oder etwas mehr, ferner, dass nach Aussage erster dermatologischer Autoritäten in Berlin jährlich 60—190 pro Tausend der männlichen Bevölkerung an Gonorrhöe erkranken und 24 pro Tausend an Lues. Das ergibt eine jährliche Erkrankungsziffer in Berlin schon von 10 bis 20 pCt. der Männer — die Frequenz schwankt, wir haben bekanntlich eine merkwürdige Periodizität in dem Auftreten der Geschlechtskrankheiten, ein regelmässiges Auf und Ab in zehn- bis zwölfjährigem Cyklus —, also das Fünf- bis Zehnfache der zunächst genannten Ziffer. Die Periode der Infektionsgefahr ist natürlich, je nach der sozialen Lage der einzelnen, von verschiedener Dauer. Sie ist für den früh heiratenden Arbeiter geringer als für den Angehörigen der sogenannten besseren Kreise, der im allgemeinen kaum vor dem 30. Lebensjahre heiraten kann. In diesen 10 Jahren infiziert sich aber durchschnittlich jeder einmal, verschiedene mehrfach mit Gonorrhöe. Mit Lues wird durchschnittlich eine von fünf bis sechs Personen infiziert. Angenommen wird nun aber weiter, dass die absolute und Einkindsterilität zu beinahe 50 pCt. auf früherer Tripperinfektion beruht. Man kann danach beurteilen, in welchem Ausmaasse Geschlechtskrankheiten bzw. die Agglomeration der Bevölkerung in den Städten auch unter diesem Titel die Schuld daran trägt, dass die Geburtenziffer nicht höher ist. Kompetente Beurteiler (17) glauben auf Rechnung der Geschlechtskrankheiten einen jährlichen Ausfall an Geburten in Deutschland von 200 000 setzen zu sollen, und alles spricht dafür, dass diese Schätzung nicht daneben geht, vielmehr ziemlich das Richtige trifft. Es ergibt sich daraus als Fazit dieses Teils der Untersuchung, dass der Kampf gegen die Ausbreitung der Geschlechtskrankheiten wieder auch ein Kampf für Erhöhung der Geburtenziffer ist. Als ein radikales Mittel in diesem Kampf ist die Einführung einer unentgeltlichen Behandlung der Geschlechtskranken vorgeschlagen worden. Ich habe kein abschliessendes Urteil darüber, ob dieselbe möglich ist. Ich verkenne in keiner Weise die Schattenseiten einer solchen Maassregel. In weitem Umfange haben wir sie heute schon. Trotzdem halte ich ihre Ausdehnung für in hohem Grade erwägenswert (schon um den hier viel benutzten Kurpfuschern ihre Kundschaft zu nehmen). Auf diese Weise rückte man den Seuchen wirklich erfolgreich an den Leib und könnte man mit Sicherheit auf eine allmähliche Einschränkung, einen allmählichen Rückzug dieses fürchterlichen Volksfeinds rechnen, so dass die mit der irregulären geschlechtlichen Vereinigung heute noch verbundene Gefahr der Infizierung und danach die Inanspruchnahme ärztlicher Behandlung aus diesem Anlass immer geringer würde. Auch hier würde es sich also, was für mich hauptsächlich in Betracht kommt, um eine Maassnahme moderner Geburtenpolitik, und zwar um eine solche von eminenter Bedeutung handeln, weil sie sozusagen automatisch und mit zahlenmässiger Sicherheit uns allmählich ein wesentliches Mehr an Geburten — abgesehen von allen Vorteilen — brächte.

* *
*

So sehen wir denn, m. D. u. H., dass es nicht an Mitteln fehlt, den Geburtenrückgang unserer Zeit einzudämmen und den Zeitpunkt hinauszuschieben, wo wir so wie heute Frankreich beim Bevölkerungsstillstand angekommen sind. Zeit gewonnen heisst hier aber, wenn auch nicht alles, so doch vieles gewonnen!

Der Italiener Mortara meinte vor kurzem: „Ein halbes Jahrhundert Verzögerung des Geburtenrückgangs kann einer Nation die Weltherrschaft sichern.“ Wir Deutsche streben die Weltherrschaft nicht an, wollen aber die Sicherheit der Selbstbehauptung. Ein halbes Jahrhundert den Geburtenrückgang „hinauszuschieben“, können wir uns ja auch darum keinesfalls vermessen, weil wir in diesem Geburtenrückgang bereits „mitten drinnen“ stehen. Aber das nationale Interesse weist uns darauf hin, alles zu tun, und zwar alles so früh als möglich zu tun, was den Augenblick des Bevölkerungsstillstandes hinauszuzögern vermag. Es ist nicht zu übersehen, dass in diesen Dingen gerade genug bereits versäumt worden ist. Wolle sonach dem Verzicht auf jedes Eingreifen, dieser „Vogelstrausspolitik“, diesem Nichtsehenwollen und der sich daran knüpfenden Taktik der verschränkten Arme, des „Laissez faire, laissez passer“, endlich ein Ende gemacht sein. Zuviel steht auf dem Spiele. Die Frage, welche Mittel wir besitzen, dem Geburtenrückgang zu steuern, verdient die ernsteste Erwägung jedes Patrioten. Dass wir solche Mittel besitzen, reichlich besitzen, hoffe ich Ihnen, ursprünglichen Zweifeln gegenüber, auch dann dargetan zu haben, wenn dieser oder jener Weg sich als nicht gangbar erweist. Anspruch auf Unfehlbarkeit mache ich so wenig als andere. Nur das Eine glaube ich: Es gilt zu handeln! In grossen Dingen genügt es nicht, gewollt zu haben. Grosse Dinge fordern, dass man das Mögliche an ihnen leiste!

Anmerkungen.

1) Seitdem obige Zahlen geschrieben wurden, ist der Reichsdurchschnitt der Geburten pro 1911 zu meiner Kenntnis gekommen. Er ergibt ein weiteres Sinken der Geburtenziffer, und zwar binnen eines Jahres um nicht weniger als 12 auf 10 000! In 1912 wird der Rückgang allerdings vermutlich etwas geringer sein.

2) Genauere Daten in meinem Buche „Der Geburtenrückgang, die Rationalisierung des Sexuallebens in unserer Zeit“. Jena 1912, Gustav Fischer.

3) In 1911 ging die Sterblichkeit sogar hinauf, während gleichzeitig die Geburtenziffer weiter, und zwar erheblich zurückging. Einschliesslich der Totgeborenen war die Sterblichkeit 1910 171 auf 10 000 gewesen, 1911 war sie dagegen 181,5. Vermutlich ist indes dieses Ansteigen der Sterblichkeit auf die Sommerhitze des Jahres und die damit verbundene besonders grosse Säuglingssterblichkeit zurückzuführen. (Weiteres im Anhang.)

4) Die Vergleichbarkeit der späteren römischen Kaiserzeit mit der unseren ist schon von vielen hervorgehoben worden, zuletzt hat Harnack in seinen Berliner Vorträgen von 1912 über die grossen Gegner der christlichen Religion zur Zeit der alten Kirchen darauf aufmerksam gemacht. „Keine Zeit“, meinte er von der Periode der Celsus, Porphyrius und Julian Apostata, „hat solche Aehnlichkeit mit der unserigen, wie diese“. „Wenn man die Schriftsteller jener Tage liest, so glaubt man geradezu in unserer Zeit zu stehen.“

5) Vgl. hierzu die bei Ruppin, Die Juden der Gegenwart, 1911, 2. Aufl., S. 69 gebotenen Daten, denen zufolge geboren wurden

	auf je 1000 Personen	
	bei den Juden	Andersgläubigen
Preussen 1908	17,37	34,22
Berlin 1906	17,64	25,60
Breslau 1906	15,03	32,02
Bayern 1908	16,12	34,73

Ein Ausweis darüber, ob bei den nichtdeutschen Juden der Absturz ein ähnlich grosser gewesen ist, liegt fürs erste nicht vor. So gibt Ruppin für Oesterreich und Ungarn bloss die Ziffern von 1900, denen zufolge geboren wurden

	bei den Juden	Andersgläubigen
Oesterreich 1900 . . .	32,65	37,23
Wien 1900	20,23	32,32
Ungarn 1900	33,81	39,34
Budapest 1900	28,29	34,99

6) Sehr viel schärfere Worte findet Theilhaber für die Kennzeichnung des Verhältnisses seiner jüdischen Glaubensgenossen in der Selbstanzeige seines Buches (in der „Neuen Generation", dem Organ des Mutterschutzbundes, 1912, Nr. 8). Hier schreibt er: „Die Juden gehen daran zugrunde, dass sie die sexuelle Frage nicht mehr zu lösen imstande sind." „Teils aus individueller Neigung, teils aus wirtschaftlichen Interessen, teils aus dem Milieu heraus rationalisieren sie die ganzen Geschlechtsverhältnisse, führen sie in ihren Ehen das reinste Zweikindersystem ein." Er fährt fort, hier wohl zu sehr in Superlativen arbeitend: „Alle Folgen, alle Voraussetzungen unserer ungesunden Geschlechtsverhältnisse und Geschlechtsmoral finden sich bei den deutschen Juden. Ich nenne nur die völlige Durchseuchung mit Geschlechtskrankheiten, syphilitischen Geisteskrankheiten, geschlechtlichen Verbrechen und Vergehen." Schliesslich meint er freilich: „Aber die Probleme, über die die Juden vergehen, sind nicht von ihnen erfunden oder in Erbpacht genommen; sind mehr oder minder Fragen, die über kurz oder lang den Bestand des freien deutschen Mittelstandes berühren werden. Und die heute höhnisch über die gewaltige Auflösung und Degeneration der jüdischen Massen lachen, können vielleicht noch erleben, dass auch viele andere Schichten des deutschen Volkes vor derselben Alternative stehen. Vielleicht ist dann aber die Zeit, gewarnt durch Beispiele, wie sie die Juden geben, einsichtsvoller und entschliesst sich, eine gesunde Geburtenpolitik zu treiben: Schutz und Hilfe den kinderreichen Familien zu gewähren."

7) Insgesamt stellen sich die Verhältnisse für die Juden nicht so tragisch dar, wie Theilhaber es schildert. Während des letzten Jahrzehnts hat allerdings (vgl. Segall, Die Zahl der Juden in Deutschland nach der Volkszählung vom 1. Dezember 1910, in der Zeitschrift für Demographie und Statistik der Juden, November 1912) die Zahl der Juden in Bayern nur mehr um 0,25 pCt., in Preussen um 6,02 pCt., in Württemberg um 0,55 pCt. zugenommen und in den Grossherzogtümern Baden und Hessen sogar um 0,90 und 1,72 pCt. abgenommen, anderwärts, so im Königreich Sachsen, finden wir dagegen sehr anständige Vermehrungsziffern und wenn auch die Quote der Juden in Deutschland zurückgeht (1880: 1,24 pCt. der Bevölkerung, 1910: 0,95 pCt.), so ist ihre absolute Ziffer immer noch in, wenn auch sehr mässigem Steigen. Der Untergang liegt also noch sehr weit hinaus. Immerhin verdienen die die Juden betreffenden Daten die grösste Beachtung, da, wie Ruppin in Uebereinstimmung mit anderen (Knoepfel, Wassermann) ausführt, „die Juden gewissermaassen das Barometer für die übrige Be-

völkerung sind und Zustände schon jetzt zeigen, die bei jener erst in der Zukunft zu erwarten sind" (vgl. hierzu auch Wassermann, Die Juden und das deutsche Wirtschaftsleben der Gegenwart, in den Preussischen Jahrbüchern, 1912, Bd. 149, S. 275 und vorher).

8) Vgl. Max Hirsch, Der Kampf gegen die kriminelle Fruchtabtreibung, im Centralbl. f. Gynäkol., 1912, Nr. 30.

9) Das wird nicht bloss für Deutschland, sondern ebenso für andere Länder behauptet. So stimmten (nach Max Hirsch, Der Kampf usw.) „in einer Diskussion der geburtshilflich-gynäkologischen Gesellschaft in Wien die führenden Gynäkologen in die allgemeine Klage über die enorme Zunahme der Fruchtabtreibungen ein". Auch die „prophetische" Aeusserung Schröder's, „Ich habe die Ueberzeugung, dass der künstliche Abort häufiger werden wird, als bisher der Fall war" (Hirsch, Zur Kritik des § 6 des Entwurfs eines Gesetzes gegen Missstände im Heilgewerbe, erweiterter Separatabdruck aus „Sexualprobleme", Zeitschrift f. Sexualwissenschaft u. Sexualpolitik, 1911, S. 3) wäre hier anzuführen.

10) Nach Bornträger, Der Geburtenrückgang in Deutschland, S. 71.

11) „Die anticonceptionellen Mittel sind wichtige Bundesgenossen im Kampfe gegen die Fruchtabtreibungen." „Nur dem Gebrauch der anticonceptionellen Mittel ist es zu danken, dass die Zahl der Fruchtabtreibungen nicht ins Unermessliche steigt, und die Sorge ist durchaus berechtigt, dass das Verbot der anticonceptionellen Mittel ein schrankenloses Umsichgreifen der Fruchtabtreibungen mit ihren unheilvollen Folgen für Leben und Gesundheit der Frauen nach sich zieht." „Die gleiche Wirkung wie das Verbot würde auch die Beschränkung der anticonceptionellen Mittel etwa auf die Abgabe in Apotheken auf Grund ärztlicher Verordnung haben. Diese Bestimmung würde dem Gesetz noch dazu den Stempel der Ungerechtigkeit aufdrücken, indem es den armen Mann bei der Beschaffung dieser Mittel in Nachteil setzen würde gegenüber dem reichen, der die durch die Beschränkung des Umsatzes erhöhten Kosten der Mittel und den Aufwand für ärztliche Konsultationen mit geringerem Schaden bestreiten kann." So äussert sich der Frauenarzt Max Hirsch in dem Schriftchen „Zur Kritik des § 6 des Entwurfs eines Gesetzes gegen Missstände im Heilgewerbe", S. 25 ff.

12) Im Steuerausschuss des preussischen Abgeordnetenhauses haben neuerdings die freikonservativen Mitglieder den Antrag auf Einführung eines „Junggesellenzuschlags" zur Einkommensteuer gestellt. Der Zuschlag sollte von Einkommen von 3000 Mark an erhoben werden, und zwar zunächst in der Höhe von 10 pCt., bei einem Einkommen von 6500 Mark sollte er die Höhe von 20 pCt. erreichen.

13) Nach jüngeren wissenschaftlichen Forschungen entleert der Mann bei jedem Geschlechtsakt 200 und 800 Millionen Spermatozoen, bahnt also jeder einzelne Mann bei 100 Gelegenheiten im Jahr und einer durch 25 Jahre fortgesetzten Geschlechtstätigkeit etwa

500 000 000 000 bis 4 000 000 000 000 Spermatozoen den Weg, das ist 300 bis 400 mal die gegenwärtige Bevölkerung unseres Planeten (1910 etwa 1680 Millionen). Es ist nicht zu verkennen, dass von den beim Geschlechtsakt entleerten Spermatozoen, da der Verkehr nur mit einer Frau stattfinden kann, ein einziges Exemplar Nutzen zu stiften vermag, auch jeder einzelne Geschlechtsakt bestenfalls nur dann Früchte zu zeitigen vermöchte, wenn auf den Mann etwa 100 empfangsbereite Frauen kämen; immerhin erweisen sich die potentiellen Möglichkeiten nach jenen Ziffern als derart grenzenlos, dass eine eigentliche Hebung der Fruchtbarkeit der Menschheit behufs Hebung der Geburtenziffer nicht scheint in den Bereich einer mit erdgeborenen Begriffen und Möglichkeiten arbeitenden Geburtenpolitik gezogen werden zu müssen. Die Quelle für die Ziffer 800 Millionen Spermatozoen per Ejakulation bei jedem Geschlechtsakt ist in meinem Buche „Der Geburtenrückgang" nachgewiesen. Die Ziffer 200 Millionen ist Schätzung von Lode, citiert von Bumm im Grundriss zum Studium der Geburtshilfe, zweite Vorlesung, und von meinem verehrten Kollegen Professor O. Küstner, dem Breslauer Gynäkologen, welchem ich die Kenntnis letzterer Stelle verdanke, acceptiert.

14) Auch Blaschko ist dieser Meinung. So stellt er in der Halbmonatsschrift f. soz. Hygiene u. Medizin vom 3. Februar 1910 die Frage: „Nehmen in Deutschland die Geschlechtskrankheiten an Zahl zu oder ab?" und antwortet darauf: „Diese Frage muss leider dahin beantwortet werden, dass eine wesentliche Zunahme ausser allem Zweifel steht. Mögen in den einzelnen Städten und Landesteilen auch ähnliche Schwankungen vorkommen wie in Kopenhagen und Christiania, mag in Berlin selbst — und auch in anderen deutschen Städten — zeitweise sogar eine relative Abnahme der Geschlechtskrankheiten stattgefunden haben, alles in allem nehmen die Geschlechtskrankheiten — dank der Zunahme der Grossstädte an Zahl und Bevölkerungsziffer — ganz enorm zu."

15) Auf Mann und Frau verteilten sich die Ziffern folgendermaassen: Es standen in Behandlung an Geschlechtskrankheiten auf 10 000 erwachsene Einwohner des gleichen Geschlechts:

	männlich	weiblich
In Berlin	142	45
In Ländern über 10 000 Einwohnern . .	100	28
In Ländern von 30—100 000 Einwohnern	58	17
In 47 Städten unter 30 000 Einwohnern	45	17
In Kleinstädten und Landgemeinden . .	7,95	2,7
Im Staat	28,2	9,0

16) Nach Generopitowzeff in dem Aufsatz von A. Blaschko und W. Fischer-Berlin, Einfluss der sozialen Lage auf die Geschlechtskrankheiten, in dem Sammelwerk „Krankheit und soziale Lage", 1912/13.

17) Vgl. Blaschko und Fischer, a. a. O.

Statistischer Nachtrag.

Seit Abhaltung dieses Vortrages sind eine Anzahl bemerkenswerter Ziffern über den Geburtenstand des Reiches im Jahre 1911 bekannt geworden.

Deutschland erreichte danach in diesem Jahre nur noch einen Geburtenüberschuss von **740 000** Menschen, während er noch in jedem der Jahre 1910, 1909, 1908 rund **880 000** gewesen war. Dieser Rückgang war die Folge sowohl einer Zunahme der Sterblichkeit als einer Abnahme der Geburten. Denn das Jahr 1911 hatte — zweifellos dank grösserer Kindersterblichkeit in den überheissen Sommermonaten — eine Mortalität, die fast ganz auf der Höhe jener des Jahres 1908 stand, dagegen eine Geburtenzahl, die das „reguläre" Manko gegen das Vorjahr, nur noch in etwas vergrössertem Maasse, zeigte. 1911 hatte nämlich um 56 000 Geburten weniger als 1910, während in 1910 das Minus gegen das Vorjahr 45 000, in 1909 das Minus gegen 1908 38 000 gewesen war.

Die relativen Ziffern waren auf 10 000 Einwohner

	Geburten (einschliesslich Totgeburten)	Lebendgeburten	Gestorbene
1908	**330**	**321**	**190**
1909	320	310	181
1910	307	298	171
1911	**295**	**286**	**182**

Die relative Zahl der Geburten hat also in dieser ganz kurzen Zeit von vier Jahren ein Sinken um nicht weniger als ein Zehntel erfahren.

In Berlin ist die Geburtenziffer (einschliesslich Totgeburten) in den letzten vier Jahren gewesen:

1908	**248**
1909	233
1910	223
1911	**216**

Hier also — trotz der bereits sehr niedrigen Ziffer des Jahres 1908 — ein Sinken binnen vier Jahren um nicht weniger als rund **15** pCt.! Sollte auch, wie es den Anschein hat, das Jahr 1912 sich etwas günstiger anlassen, so eröffnen doch diese Daten eine trübe Perspektive.

In Schöneberg, das unter den deutschen Grossgemeinden, wie es scheint, den Rekord niedriger Geburtenziffer schlägt, hat übrigens im Jahre **1912** der Rückgang über den extremen Stand hinaus, den es bereits in den Jahren 1910 und 1911 einnahm, angehalten, woraus hervorgeht, dass der niedrigste Stand entfernt noch keine Garantien gegen weiteres Sinken bietet. Die Zahl der Lebendgeborenen in Schöneberg betrug:

vom 1. Januar 1911 bis 1. November 1911 . . 2263
„ 1. „ 1912 „ 1. „ 1912 . . 2027.

Ein Rückgang also binnen einen Jahres um über 10 pCt., trotzdem der durchschnittliche französische Standard daselbst bereits seit längerem unterboten ist.

Es geht aus diesen Daten nicht nur hervor, dass in den Städten der Rückgang der Geburten unentwegt seinen Fortgang nimmt, sondern auch dass der Ausblick auf ein Innehalten der Bewegung, mit welchem unbelehrbare Optimisten das deutsche Volk gelegentlich zu trösten und zum Verzicht auf jede Geburtenpolitik zu bewegen suchen, utopisch ist, da gerade die Gemeinden, die bereits vor einiger Zeit Geburtenziffern, welche tief unter dem Reichsdurchschnitt stehen, erreicht hatten, und die mit deren Rückgang — um den Optimisten recht zu geben — endlich innehalten sollten, ihn vielmehr weiter unentwegt fortsetzen, ohne ein Ende dieser Bewegung im geringsten absehen zu lassen.

GPSR Compliance

The European Union's (EU) General Product Safety Regulation (GPSR) is a set of rules that requires consumer products to be safe and our obligations to ensure this.

If you have any concerns about our products, you can contact us on ProductSafety@springernature.com

In case Publisher is established outside the EU, the EU authorized representative is:

Springer Nature Customer Service Center GmbH
Europaplatz 3
69115 Heidelberg, Germany

Batch number: 10844655

Printed by Printforce, the Netherlands